Ursel Scheffler

Welche Farbe hat die Freundschaft?

Ursel Scheffler

Welche Farbe hat die Freundschaft?

Mit Bildern von Sabine Philipp

Hase und Igel®

Für Lehrkräfte gibt es zu diesem Buch
ausführliches Begleitmaterial beim Hase und Igel Verlag.

Druckprodukt mit finanziellem
Klimabeitrag
ClimatePartner.com/13493-2404-1050

MIX
Papier | Fördert
gute Waldnutzung
FSC® C043106

FSC
www.fsc.org

Originalausgabe
© 2018 Hase und Igel Verlag GmbH, München
www.hase-und-igel.de
Lektorat: Patrik Eis, Mira Fischer
Satz: Appel Grafik München GmbH
Druck: Grafisches Centrum Cuno GmbH & Co. KG

ISBN 978-3-86760-243-3
4. Auflage 2024

Inhalt

Max und Mira

Max freut sich jeden Morgen
auf den Schulweg.
Da holt er nämlich immer
seine Freundin Mira ab.
Die wohnt nur ein paar Häuser weiter.

Bei der Ampel an der Hauptstraße
warten die beiden auf Grün.
Das haben sie lange geübt,
denn da ist morgens
gefährlich viel Verkehr.
Sie überqueren die Straße
und laufen bis zum Zebrastreifen
in der Grimmstraße.

Vor der Schule
stehen die Schülerlotsen
und passen auf, dass alle gut
aufs Schulgelände kommen.

Max und Mira kennen sich
schon vom Kindergarten.
Max erinnert sich noch genau,
wie es war,
als Mira zum ersten Mal
in seine Gruppe kam.
„Sie kommt aus der Türkei",
hat die Erzieherin gesagt.
„Aber sie kann schon
ein bisschen Deutsch."

Manchmal hat Max gelacht,
weil Mira die Wörter
so komisch aussprach.
Da hat Mira nur noch Türkisch
mit ihm geredet und Max
konnte kein Wort mehr verstehen.
Nur Ali und Ayshe
haben Mira gleich verstanden,
weil sie zu Hause
auch Türkisch sprechen.

Das einzige türkische Wort,
das Max versteht, ist „Döner".
Döner isst er
für sein Leben gern,
den gibt's beim Kiosk
an der Ecke.

Heute kann Mira
fast besser Deutsch
als Max.
Einmal wollte Max
mit dem „Schraubenschlepper"
spielen.
Da hat ihm Mira erklärt,
dass es Raupenschlepper heißt.

Und als sie Sachen
für den Schulbasar
bastelten,
wusste Max nicht, was ein Basar ist.

„Das kommt aus dem Türkischen",
erklärte ihm Mira.
„Und es bedeutet Markt."

Der Neue

Heute ist ein Neuer
in die Klasse gekommen.
Er heißt Joshua und kommt aus Afrika.
„Bist du ein Ausländer?", fragt Max.

Joshua sieht ihn verwundert an
und sagt:
„Ich bin Joschi."

„Deine Hände sind ganz schwarz.
Geht die Farbe wieder ab?",
ruft Ben dazwischen.

„Nö", sagt Joschi und lacht verlegen.
„Die ist für immer."

13

„Du hast coole Locken!", findet Alice.
„Meine Haare sind ganz gerade."

Jetzt kommt Frau Rabe dazu und sagt:
„Da, wo Joschi geboren ist,
haben fast alle Menschen
dunkle Haare und dunkle Haut."

„Weil in Afrika
dauernd die Sonne scheint.
Da wird man knallbraun!",
ruft Felix laut dazwischen.

„Stimmt! Wir waren mal
im Urlaub in Marokko.
Da bin ich ganz braun geworden",
bestätigt Ben.

„... und nach den Ferien
wieder blass!",
sagt Frau Rabe.
„Stimmt's?"
Ben nickt.

„Aber Joschis Haut bleibt immer
so schön braun wie sie ist",
erklärt Frau Rabe.

„Menschen in anderen Ländern
sind anders!", ruft Kati.
„Zum Beispiel die Indianer."

„Auch bei uns
sind die Menschen anders",
bemerkt Alice. „Meine Cousine in Ulm
hat dunkle Haare, braune Augen
und ein blasses Gesicht.
Und ich bin blond und hab
blaue Augen und Sommersprossen."

„Das ist ja das Spannende,
dass alle anders sind",
sagt Frau Rabe.
„Oder möchtet ihr,
dass alle genauso aussehen wie ihr?"

„Nö, das wäre langweilig",
brummt Max.
„Da könnte man mich ja verwechseln."

Meine Hände, deine Hände

„Ich hab eine Idee", sagt Frau Rabe.
„Wir spielen in der letzten Stunde
ein Theaterstück vom Anderssein.
Wer macht mit?"

„Ich!" – „Ich!" – „Ich!",
rufen alle durcheinander
und heben die Hände.

„Keine Angst. Ihr kommt alle dran",
verspricht Frau Rabe.

In der letzten Stunde
spannt Frau Rabe ein Springseil
zwischen Fenstergriff und Tafel.

Darüber hängt sie
eine Decke.
„Das ist jetzt unsere Bühne",
sagt sie.
„Gleich geht es los!"

19

Als Erstes lässt Frau Rabe selbst
die Handpuppen
sprechen.

Das Krokodil
erzählt von Afrika:
„Im Nil gibt es tausend Tiere,
die anders sind als ich!"

Die eingebildete Prinzessin ruft:
„Wie gut, dass nicht alle
so schön sind wie ich!"

Der Drache faucht:
„Ein Glück, dass nicht alle
so gefährlich sind wie ich!"

Und Kasperl sagt:
„Wenn alle so aussähen wie ich,
würde keiner mehr über mich lachen."

Dann sind die Kinder dran.
Immer drei Kinder
dürfen hinter die Decke.
„Jetzt spielen wir Rate-Theater",
sagt Frau Rabe.
„Eure Hände sind die Puppen!
Und wenn ihr ganz genau hinseht,
werdet ihr bemerken,
dass jede Hand anders aussieht.

Nach und nach tanzen
erst zwei Hände, dann vier Hände
und dann sechs Hände auf der Bühne.

Frau Rabe singt dazu:
„Hände, Hände, ihr müsst wandern
von dem einen Land zum andern,
und nun ratet mal geschwind,
von wem diese Hände sind!"

Die Zuschauer
müssen erraten,
wem die Hände
gehören.
Das ist gar nicht
so einfach
und es wird viel gelacht.
Alle singen und raten mit.

Nur Joschis Hände
erkennt jeder gleich.
Und die von Felix,
weil noch die grüne Farbe
von der Malkreide dran ist,
mit der er vorhin
einen gefährlichen Drachen
an die Tafel gemalt hat.

Handdetektive

„Zeigt mal alle eure Hände her",
sagt Frau Rabe nach der Vorstellung.

„Ich hab meine Hände vorhin
gründlich gewaschen, ehrlich",
versichert Felix.

„Darum geht es jetzt nicht, Felix.
Legt einfach mal Arme und Hände
nebeneinander auf den Tisch."

Max legt seinen Arm
neben Miras Arm.
Ganz dicht.

Dann sieht er Frau Rabe an
und fragt: „Und jetzt?"

„Jetzt möchte ich,
dass ihr eure Arme und Hände
einmal genau vergleicht."

Tatsächlich sieht jeder Arm
anders aus.

Ayshe hat einen Leberfleck
am Handgelenk,
Alice hat Sommersprossen
auf dem Arm,
Max hat schlankere Finger als Felix
und Joschis Hände
sind innen heller
als außen.

Miras Arme
sind besonders schön,
findet Max.
Aber er sagt es nicht.

Jetzt holt Frau Rabe
das Stempelkissen
von ihrem Schreibtisch.
Jeder darf
seinen Zeigefinger hineintupfen
und einen Abdruck
auf weißem Papier machen.

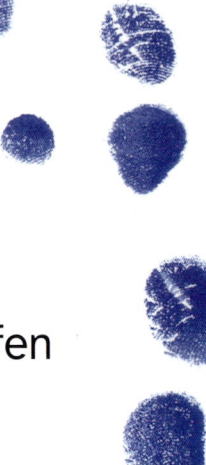

„Cool! Ein echter Fingerabdruck",
ruft Max.
„Wie in den Detektivgeschichten."

„Genau", bestätigt Alice.
„Sie verraten die Täter!
Als im Laden von meinem Onkel
eingebrochen wurde,
kam die Polizei und hat überall
nach Fingerabdrücken gesucht."

„Und wisst ihr auch warum?
Weil kein Fingerabdruck auf der Welt
dem anderen gleicht",
sagt Frau Rabe.

„Auch nicht bei Zwillingen?",
fragt Max.

„Nicht einmal bei Zwillingen",
antwortet Frau Rabe.

„So kann man die Räuber
durch ihre Fingerabdrücke überführen."

Sie holt eine große Lupe.
„Seht euch eure Fingerabdrücke
auf dem Papier einmal genau an!"

Wie echte Detektive
vergleichen die Kinder
ihre Fingerabdrücke.
Tatsächlich: Kein Fingermuster
gleicht dem anderen!

Was Hände alles können

Jetzt dürfen alle ihre Hände
auf ein Blatt Papier legen
und die Umrisse der Hände
mit einem Stift umfahren.

„Ich kann nur
mit der rechten Hand malen",
stellt Ali fest.
„Mit der linken
wird alles krumm und schief."

„Weil eine Hand meist
geschickter ist als die andere.
Deshalb muss eine Hand
der anderen helfen.

Und ihr helft euch
auch einfach gegenseitig
beim Zeichnen und Ausschneiden,
wenn einer allein nicht zurechtkommt",
rät Frau Rabe.

Alle malen
ihre Hände an
und schneiden sie aus.
Frau Rabe schreibt die Namen darauf
und hängt die Papierhände
an einer Wäscheleine auf.

„Sieht wie
lauter bunte Handschuhe aus",
findet Ali.

„Die von Frau Rabe sind am größten",
meint Mira.

Frau Rabe lacht und sagt:
„Wenn ihr wachst,
dann wachsen eure Hände auch.

Sie werden immer geschickter
und lernen viele tolle Sachen!"

„Zum Beispiel schneller schreiben!",
ruft Kati dazwischen.

„Und große Zahlen malen", sagt Felix,
der schon bis hundert zählen kann.

„Klavier oder Flöte spielen",
sagt Mira, die gern musiziert.

Bagger fahren, Tennis spielen,
Burgen bauen, Drachen basteln,
stricken, hobeln, sägen, boxen,
Bälle werfen, schwere Sachen tragen,
schwimmen, klettern,
mit dem Computer spielen –
tausend Sachen
fallen den Kindern ein.

„Gehörlose können sogar
mit den Händen reden", sagt Max.

„Und man kann
mit den Händen beten",
sagt Joschi.

Bei Mira ist vieles anders

Der Schultag ist so schnell vergangen
wie nie zuvor.
„Das mit den Händen
an der Wäscheleine
fand ich obercool",
sagt Max zu Mira, nachdem sie
das Schlusslied gesungen haben.
Gemeinsam laufen die beiden
die Treppe zum Schulhof hinunter.

Am Schultor wartet Miras Mama.
Sie geht auf Max zu und sagt:
„Deine Mama hat mich angerufen.
Sie muss heute länger arbeiten.
Magst du mit zu uns kommen?"

„Cool", sagt Max wieder.

Es ist gerade sein Lieblingswort.

Und er freut sich, denn er mag Mira.

Mira hat Max schon öfter besucht.
Aber Max war noch nie bei Mira.
Sie wohnt in einem der neuen Häuser
in der Bergmannstraße.

Ehe sie die Treppe
in den dritten Stock hochlaufen,
holt Miras Mama
die Post
aus dem Briefkasten.

Dann sagt sie zu Mira:
„Eine Postkarte für dich,
von Oma und Opa."

„Und was steht drauf?", fragt Mira.

„Da steht, dass wir sie
in den Sommerferien
unbedingt wieder besuchen sollen."

„Au ja!", ruft Mira.
Sie zeigt Max das Foto
auf der Ansichtskarte.
„Ich weiß genau,
wo das ist!
Da war ich schon
mit Oma."

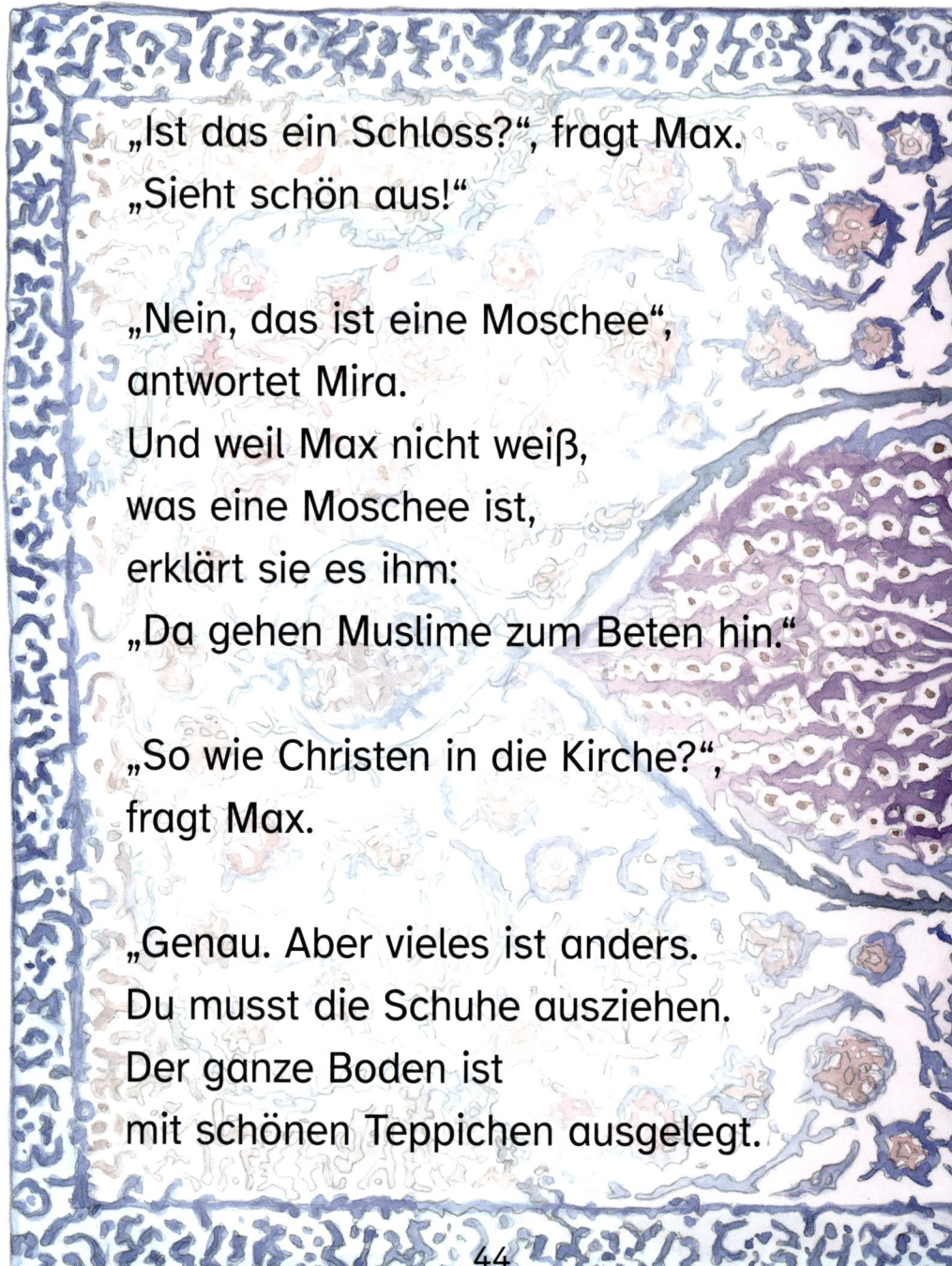

„Ist das ein Schloss?", fragt Max.
„Sieht schön aus!"

„Nein, das ist eine Moschee",
antwortet Mira.
Und weil Max nicht weiß,
was eine Moschee ist,
erklärt sie es ihm:
„Da gehen Muslime zum Beten hin."

„So wie Christen in die Kirche?",
fragt Max.

„Genau. Aber vieles ist anders.
Du musst die Schuhe ausziehen.
Der ganze Boden ist
mit schönen Teppichen ausgelegt.

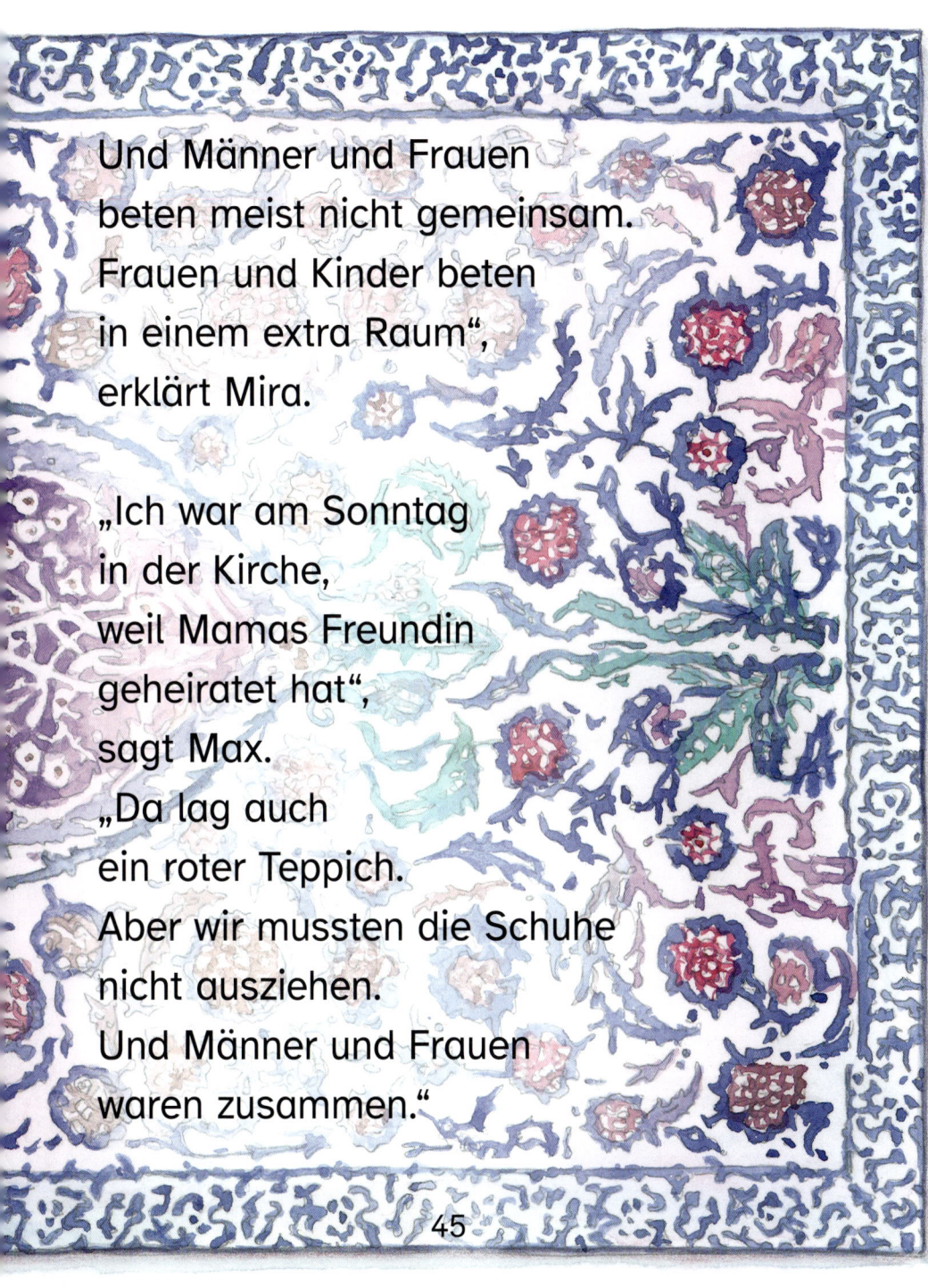

Und Männer und Frauen
beten meist nicht gemeinsam.
Frauen und Kinder beten
in einem extra Raum",
erklärt Mira.

„Ich war am Sonntag
in der Kirche,
weil Mamas Freundin
geheiratet hat",
sagt Max.
„Da lag auch
ein roter Teppich.
Aber wir mussten die Schuhe
nicht ausziehen.
Und Männer und Frauen
waren zusammen."

Fasten und Zuckerfest

Miras Mama schließt
die Wohnungstür auf.
Alle ziehen die Schuhe aus.
Auch die Wohnung
ist mit Teppichen ausgelegt.
Wie in der Moschee, denkt Max.

Miras Mama bringt die Einkäufe
in die Küche und ruft:
„Es gibt Nudelauflauf und Salat.
Magst du das, Max?"

„Ja, sehr", antwortet Max.
Er hat richtig Hunger.
Mmmhhh, wie das duftet!

Miras Mama setzt sich
zu den Kindern an den Tisch.
Aber sie isst nichts.

„Schmeckt es dir nicht?",
fragt Max erstaunt.

„Mama fastet", erklärt Mira.

„Meine Mama fastet auch manchmal",
sagt Max mit vollem Nudelmund.
„Damit sie schlank wird.
Aber dann
hat sie meistens
schlechte Laune."

„Bei uns Muslimen
ist das anders",
sagt Miras Mama.
„Wir fasten,
weil Ramadan ist."

„Ramadan?",
fragt Max.
„Was ist das?"

„Das ist unser Fastenmonat",
erklärt Miras Mama.
„Da fasten wir für Allah."

„Für alle?", fragt Max,
der das Wort falsch verstanden hat.

„Für Allah.
Das ist unser Name für Gott",
erklärt Miras Mama.

Das mit dem Fasten
lässt Max keine Ruhe.
„Wenn du einen Monat nichts isst,
dann verhungerst du doch",
sagt Max voller Mitgefühl
zu Miras Mama.

„Natürlich essen wir,
aber erst nach Sonnenuntergang",
antwortet Miras Mama.
„Und die Kinder fasten erst,
wenn sie groß genug dafür sind.
Aber nicht nur
das Fasten im Ramadan
ist für einen Muslim wichtig.
Auch das Beten.
Es gibt genaue Regeln dafür.
Zum Beispiel betet man immer
in Richtung Mekka,
dem heiligen Ort der Muslime.
Und man betet
fünfmal
am Tag."

„Und wenn der Ramadan vorbei ist,
dann gibt es zur Belohnung
das Zuckerfest, das Şeker Bayramı",
mischt sich Mira ein.
„Darauf freuen wir uns so
wie die Christen
auf Weihnachten."

„Gibt es da auch Geschenke?",
will Max wissen.

„Na klar", sagt Mira.
„Meist Sachen zum Anziehen.
Und Süßigkeiten für die Kinder.
Deshalb heißt es Zuckerfest."

Das geheimnisvolle Buch

Max und Mira falten Papierflieger
und lassen sie
im Wohnzimmer fliegen.
Sieben Flieger sind schon gestartet.

„Mein Letzter
ist am weitesten geflogen!", ruft Max.

Sein Flieger
ist auf einem Buch gelandet,
das auf dem Tisch
neben dem Fenster liegt.

Neugierig betrachtet Max
die geheimnisvollen Zeichen.
Das sind keine Buchstaben
wie in den anderen Büchern,
die Max kennt.

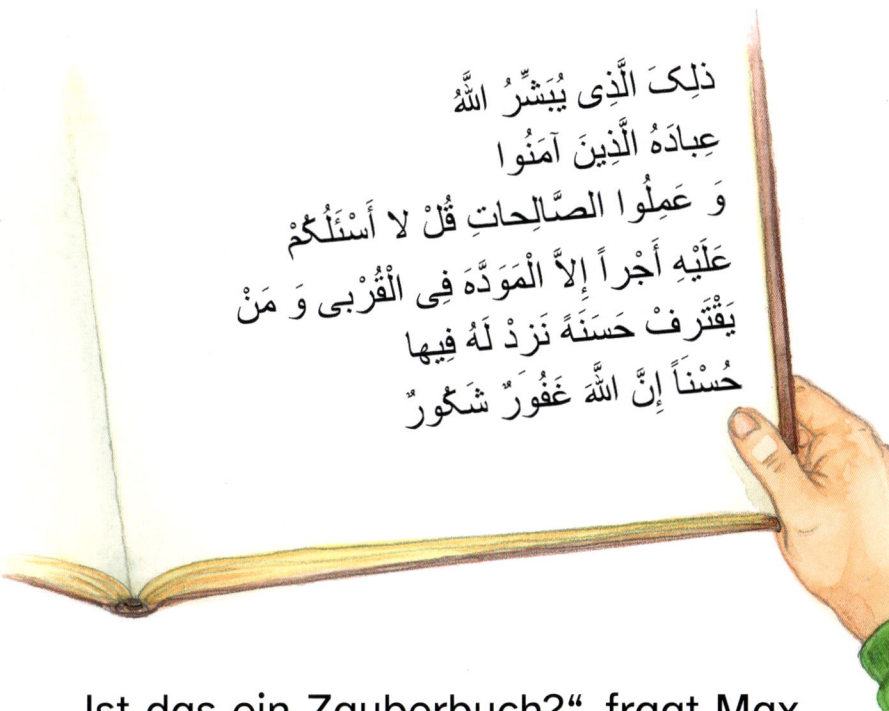

ذٰلِكَ الَّذِى يُبَشِّرُ اللّٰهُ
عِبَادَهُ الَّذِينَ آمَنُوا
وَ عَمِلُوا الصَّالِحَاتِ قُلْ لا أَسْئَلُكُمْ
عَلَيْهِ أَجْراً إِلاَّ الْمَوَدَّةَ فِى الْقُرْبى وَ مَنْ
يَقْتَرِفْ حَسَنَةً نَزِدْ لَهُ فِيها
حُسْناً إِنَّ اللّٰهَ غَفُورٌ شَكُورٌ

„Ist das ein Zauberbuch?", fragt Max.

„Nein, das ist Opas Koran",
antwortet Miras Mama.

„Und was ist ein Koran?", fragt Max.

„Der Koran ist für uns Muslime das,
was für die Christen die Bibel ist."

„Kannst du die Schrift denn lesen?",
erkundigt sich Max verwundert.

„Nein", antwortet Miras Mama.
„Es ist Arabisch."

„Mein Opa
kann es aber lesen",
berichtet Mira stolz.

„Wir haben auch einen Koran
in deutscher und türkischer Sprache",
sagt Miras Mama.
„So weiß ich, was darin steht."

„Und was genau steht im Koran?"

„Alles, was Gott den Menschen
durch den Propheten Mohammed
sagen wollte", antwortet Miras Mama.
„Und die Geschichten von Jesus,
Noah, Moses und Adam und Eva
kommen auch darin vor."

„Die kenn ich", sagt Max.
„Die hat mir Mama
aus der Kinderbibel vorgelesen."

Jetzt redet Max

Da klingelt es an der Wohnungstür.

„Das ist Papa!",
ruft Mira und läuft an die Tür,
um zu öffnen.

Aber es sind zwei Papas:
der Papa von Max
und der Papa von Mira!
„Ich möchte meinen Sohn abholen",
sagt der Papa von Max.

„Jetzt schon?", fragt Max.
„Wir haben
so schön gespielt."

Max und sein Papa
verabschieden sich.
„Besuch uns bald wieder",
sagt Miras Mama zu Max.

„Am liebsten am Zuckerfest!",
ruft Max und grinst vergnügt.
Dann läuft er schnell
hinter seinem Papa her,
durchs Treppenhaus,
auf die Straße hinunter.

„Papa", sagt Max auf dem Heimweg.
„Weißt du, dass du anders bist?"

„Wieso anders?
Ich bin doch wie immer."

„Aber du bist anders,
weil alle anders sind.
Soll ich es
dir erklären?"

Und dann erzählt Max
und erzählt und erzählt.
Von der Schule, vom Händetheater,
von Joschi, von den Fingerabdrücken,
von Miras fastender Mama
und vom Zuckerfest ...
Er ist gar nicht mehr zu bremsen.

Als sie zu Hause ankommen,
ist Mama schon da.
Sie hält eine Tasse
mit heißem Honigtee
in der Hand
und sagt mit rauer Stimme:
„Ich glaub, ich krieg
eine dicke Erkältung.
Jedenfalls kann ich kaum reden!"

„Macht nichts", sagt Papa.
„Du kannst deine Stimme schonen.
Heute redet Max!"